La Lutte sociale et politique

EN TRANSYLVANIE

PAR

M. DRAGHICESCO

SÉNATEUR ROUMAIN

Extrait de **LA REVUE** (*Ancienne* REVUE DES REVUES)
1er-15 Mai 1918.

PARIS
ÉDITIONS DE " LA REVUE "
45, rue Jacob

La Lutte sociale et politique
EN TRANSYLVANIE

La Lutte sociale et politique

EN TRANSYLVANIE

PAR

M. DRAGHICESCO

SÉNATEUR ROUMAIN

Extrait de **LA REVUE** (*Ancienne* REVUE DES REVUES)
1er-15 Mai 1918.

PARIS

ÉDITIONS DE " LA REVUE "

45, rue Jacob

La Lutte sociale et politique
EN TRANSYLVANIE

Passé et Présent

On vient de signaler un soulèvement des populations roumaines de Transylvanie et du Banat de Temesvar, contre la domination magyare. Ce soulèvement, que les gendarmes tâchent de réprimer, coïncide avec les revendications du comité national roumain, qui exige l'*autonomie* complète de la Transylvanie. Il souligne et appuie ces revendications, qu'une assemblée nationale devait formuler, laquelle fut empêchée de se réunir.

La voix des nationalités, si longtemps étouffée, commence à se faire entendre en Hongrie. Les dirigeants de Budapest se sont félicités trop tôt du fait que la Hongrie n'était pas troublée, comme l'est l'Autriche, par les mouvements séparatistes des Tchèques et des Yougo-Slaves. Il est vrai que le Parlement de Budapest ne compte que 5 députés roumains, au lieu de 75, auxquels les Roumains ont droit, à côté de 2 ou 3 Slovaques, au lieu de 40 ; tandis que les Tchèques et Yougo-Salves sont représentés d'une manière presque équitable au Reichsrath. C'est pourquoi un silence sépulcral y est fait autour des questions nationales qui agitent les Roumains, les Slovaques et les Serbes.

Le soulèvement des Roumains de Transylvanie, s'il se développe et prend des proportions dangereuses, serait, comme nous allons le voir, dans l'ordre traditionnel des choses de cette province. Malgré son apparence politique et nationaliste, ce mouvement est foncièrement social. C'est l'éternel conflit entre exploités et exploiteurs qui se cache au fond de ces revendications de politique nationaliste. Ce conflit est vieux de 7 siècles. Il commença avec l'*Aurea bula* du roi hongrois Andreas en 1222, se continua, sous formes de révolutions religieuses, vers la fin du Moyen-Age, reprit plusieurs fois dans l'époque moderne et aboutit, aujourd'hui, à ce soulèvement que les télégrammes viennent de nous annoncer. C'est le conflit entre les magnats magyars, possesseurs des latifundia, et les paysans roumains qui vivent sur ces vastes domaines et les fécondent de leur travail.

Comme tel, le mouvement des Roumains de Transylvanie doit attirer toute l'attention et la sympathie des démocrates et des socialistes français et anglais. Si, en général, les socialistes condamnent les luttes et revendications nationales, comme dépourvues de fondement sérieux et basées sur des préjugés caducs, dans le cas des revendications roumaines en Transylvanie, nous espérons pouvoir leur montrer, par ce qui résulte des pages suivantes, qu'ils feraient tout simplement le jeu de l'oligarchie de Budapest, s'ils n'appuyaient pas de toute leur force et de toute leur sympathie les gestes de révolte et de libération de cette malheureuse population de paysans exploités.

Noblesse magyare et Paysans roumains.

Le peuple roumain de Transylvanie est aujourd'hui ce qu'il fut toujours, un peuple exclusivement composé de paysans, cultivateurs de la terre et pâtres. Toute la noblesse de Transylvanie est magyare ou saxonne. Cette noblesse s'est constituée en Hongrie, et en Transylvanie en particulier, en une forte oligarchie fermée et irréductible. Cette caste s'est formée et elle persévère depuis l'invasion des Magyars en Transylvanie.

Comme, au Moyen-Age et même dans les temps modernes jusqu'au milieu du dix-neuvième siècle, le sentiment national ne possédait pas toute la force que nous lui connaissons de nos jours, la noblesse roumaine que les envahisseurs trouvèrent en Transylvanie se mêla et se coalisa avec les chefs des nouveaux venus, quand elle ne put pas émigrer et collaborer à la formation des états roumains de Valachie et de Moldavie. La noblesse se dénationalisa donc et se confondit avec les magnats magyars pour constituer la force oligarchique que le peuple roumain veut combattre en Transylvanie. Le procès de magyarisation de la noblesse roumaine en Transylvanie est bien connu. L'histoire en cite des noms illustres. Le cas le plus éclatant fut celui de Jean Huniade, qui gouverna le royaume de Hongrie et dont le fils, devenu roi, compte parmi les plus grands et célèbres des rois magyars. Jean de Huniade était le fils d'un gentilhomme assez modeste du comté purement roumain de Hunidoara, Voicu Corvin. D'autres noms moins illustres pourraient former une longue liste de renégats roumains, qui se tournèrent contre leur peuple et l'exploitèrent économiquement, sans scrupule et sans pitié, en compagnie des nobles magyars.

LA FÉODALITÉ MAGYARE.

A partir de 1222, le régime féodal fut institué en Hongrie par l'*Aurea Bula* du roi Andreas II, aux termes de laquelle les Roumains, de *jobagiones castri, liberi milites* (soldats libres), furent réduits à l'état de servage. Le droit de porter les armes et de servir dans l'armée fut accaparé par la noblesse magyare et par les chefs roumains qui se magyarisèrent et passèrent au catholicisme. Car, seule, la confession catholique conférait aux chefs roumains magyarisés le droit de posséder des domaines et d'appartenir à la noblesse.

RÉACTION DES PAYSANS ROUMAINS.

Mais la grande masse des paysans roumains ne pouvait pas accepter la condition de serfs et ne pouvait pas s'habituer à l'état social et économique qui leur était ainsi imposé. Ayant connu la liberté pendant de longs siècles et se voyant réduits à l'état de servage, qui, en Hongrie, était pratiqué d'une manière plus abominable que dans l'Europe occidentale, les paysans roumains réagirent par une série d'insurrections sanglantes et des révolutions périodiques d'une violence exceptionnelle. Entre 1280 et 1918, sept révolutions et guerres, plus ou moins en règle, ont soulevé les Roumains de Transylvanie contre la féodalité magyare. Pendant près de six cents ans, les Roumains auront essayé sept fois de secouer le joug magyar. A l'exception de deux époques de repos relatif un peu plus prolongé, de 1290 à 1437 et de 1514 à 1784, le reste du temps, la révolution éclatait en Transylvanie régulièrement, périodiquement, tous les 60 ou 70 ans. L'intervention de la Roumanie en 1916, l'invasion en Transylvanie, la désertion des soldats roumains de l'armée hongroise et le soulèvement récent en Caras-Severin constituent la dernière levée en masse des Roumains contre la féodalité magyare.

PREMIÈRE RÉVOLUTION RELIGIEUSE.

La première révolution des Roumains de Transylvanie date de 1290. Les apparences religieuses de cette révolution, pro-

voquée par les persécutions que les Roumains orthodoxes su-
bissaient de la part des Magyars catholiques, cachent mal le
conflit économique et social qui était à sa base. L'évêque hongrois, Georges Lèpes, ne se contentait pas de persécuter les
paysans roumains pour leur religion, mais exploitait d'une manière plus qu'inhumaine les Roumains qui habitaient ses vastes
domaines. Le résultat de cette première insurrection fut qu'un
grand nombre de paysans, sous la conduite d'un chef resté
fidèle à leur foi et à leur nationalité, Radu Negru, passèrent
les Carpathes et instituèrent l'état valaque.

La Révolution sociale et religieuse de 1437 et 1438.

Les persécutions religieuses sévirent ensuite plus violem-
ment encore contre les Roumains restés en Hongrie. Elles furent l'œuvre de l'inquisiteur Jaques Marchia. En même temps,
augmentèrent les exactions que le clergé et les nobles magyars,
possesseurs des terres, exerçaient au détriment des paysans.
La politique monétaire des rois de Hongrie exaspéra encore le
conflit entre les seigneurs et leurs serfs roumains. A chaque
frappe de monnaie, la valeur de la nouvelle émission baissait,
et les paysans roumains devaient donner leur ancienne monnaie au cours de la nouvelle. Comme les évêques obtinrent le
droit d'exiger le paiement de la dîme en espèces, ils ne voulurent l'accepter des paysans qu'en monnaie ancienne, et ils
excommuniaient les récalcitrants. Ce fut là la cause de la révolution de 1437, qui s'organisa sur une très grande échelle et
fut d'une violence inouïe. Les révolutionnaires détruisirent et
saccagèrent les châteaux, les forteresses seigneuriales, les ma-
noirs, et tuèrent tous les nobles qui n'avaient pas réussi à se
sauver à temps. L'oligarchie magyare fut obligée de demander
la paix, et les paysans roumains l'accordèrent, en imposant
leurs conditions.

On leur reconnut le droit d'élire des représentants, qui se
réuniraient chaque année dans une assemblée populaire. L'ac-
tivité de cette assemblée populaire devait être : 1° *Prendre
connaissance de la publication des nouvelles lois ; 2° Prendre
des décisions en ce qui concerne les affaires de la population
roturière ; 3° Dénoncer les injustices et les exactions éventuelles
des nobles et en rendre responsables les coupables.*

En outre, on limita d'une manière précise la dîme, qui n'était
plus redevable qu'en nature et sous forme de certains travaux.

Bientôt après la conclusion de ce traité, la noblesse magyare, qui ne pouvait pas supporter un pareil échec, commença à réagir. Les Magyars, les Saxons et les Szekelers s'allièrent et s'organisèrent pour la lutte contre les Roumains. Elle parut, d'abord, favoriser l'armée révolutionnaire et l'oligarchie coalisée dut céder, le 6 octobre 1437, et les nobles reconnurent aux paysans roumains le droit de changer de maître après avoir payé leur dette. Mais les conditions de ce traité, qui étaient favorables aux paysans, ne furent pas respectées par les féodaux. Une troisième révolution éclata à un bref délai. Cette fois, les nobles magyars, saxons et szekelers serrèrent les rangs et réussirent à écraser la révolution roumaine. Le résultat en fut l'asservissement complet des paysans roumains à l'oligarchie coalisée : *Unio trium nationum*.

La Révolution sociale de 1514.

Soixante-dix-sept ans plus tard, en 1514, une nouvelle révolution paysanne éclata, dont le chef fut Georges Doda. Le caractère nettement social de cette révolution est marqué par cela qu'elle fut également l'œuvre des serfs magyars et szekelers. Ce mouvement fut étouffé dans le sang, — Georges Doda fut brûlé — et les conséquences en furent désastreuses pour les paysans. Les conditions du servage furent aggravées. On reconnut aux seigneurs le droit de justice sur les serfs, qui renferme celui de vie et de mort ; les serfs n'auront plus le droit de quitter leurs maîtres ; les charges fiscales et les services qu'ils doivent rendre à leurs seigneurs sont accrus. Ces mesures extrêmes, dirigées surtout contre les Roumains, déterminèrent les rares nobles roumains qui étaient encore restés fidèles à leur foi et à leur nationalité de se magyariser et de se convertir, pour échapper à l'opprobre qui s'attachait désormais à la nationalité roumaine, déchue et méprisée.

Joseph II et les Roumains.

Pendant à peu près trois siècles, les Roumains de Transylvanie ne parvinrent pas à se relever de cette déchéance complète. Il a fallu le hasard d'un empereur philosophe sur le trône des Habsbourg, qui s'intéressât tout particulièrement au sort de la Transylvanie, pour que l'élément roumain pût y lever la tête. L'injustice et les misères que supportaient les

Roumains émurent Joseph II et le déterminèrent à prendre sous sa protection cette population déshéritée. En juin 1783, l'empereur signa, à Sibiu (Transylvanie), son célèbre décret sur l'abolition du servage.

Voulant développer, en Transylvanie, le système des régions des confins militaires, Joseph II ordonna une conscription militaire ayant comme but de renforcer la garde des confins méridionaux de l'empire. Comme cette mesure de l'empereur rendait une complète indépendance aux territoires en question, qui seraient placés sous l'autorité du gouvernement militaire et soustraits au gouvernement civil, les Roumains virent volontiers dans la conscription militaire le seul moyen d'échapper au servage. Tous les serfs roumains voulurent être soldats, pour reconquérir leur liberté, qu'ils avaient précisément perdue lorsqu'on leur avait interdit de faire partie de l'armée. C'est pourquoi l'affluence des recrues roumaines déborda les commissions et dépassa même les nécessités militaires prévues.

La Révolution de 1784 et les Revendications sociales des Roumains.

D'autre part, l'oligarchie magyare s'était rendu compte du danger qui la menaçait de ce fait, et elle était énergiquement intervenue à Vienne, pour faire cesser la conscription. Celle-ci fut contremandée, mais le peuple roumain comprit l'intrigue hongroise. Des émeutes surgirent de tous côtés et, bientôt, une révolution en règle éclata par toute la Transylvanie, sous la direction de trois chefs, paysans roumains : Horia, Closhca et Crishan. Les révolutionnaires se livrèrent à des violences, à des pillages. Ils saccagèrent et brûlèrent les châteaux des nobles et tuèrent tous ceux qui tombèrent entre leurs mains. Les troupes envoyées contre eux furent repoussées et battues. Horia envoya aux autorités une sorte d'ultimatum, qui contenait les conditions des révolutionnaires roumains, pour cesser la lutte. Les points essentiels des revendications roumaines étaient : *1° La noblesse est abolie et les seigneurs ne doivent vivre, désormais, que des revenus de leurs charges ; 2° Les nobles doivent quitter définitivement leurs propriétés actuelles, dont ils seront dépossédés ; 3° Les nobles paieront les mêmes contributions que le peuple ; 4° Les domaines des nobles seront parcellés et distribués aux paysans.*

Malheureusement, l'attitude de Joseph II changea, en face

de l'extension prise par le mouvement révolutionnaire qu'il avait lui-même inspiré et encouragé. Il eut peur et ordonna une répression sévère. Les troupes révolutionnaires eurent encore quelques succès, à Remète, le 29 novembre, et à Bistra, le 4 décembre. Mais à Blajeni, grâce à l'intervention pacifiste des évêques roumains, gagnés par la politique de l'empereur, et qui prêchèrent aux paysans la soumission, les révolutionnaires roumains furent écrasés. Quelques jours plus tard, Horia et Closhca furent capturés, grâce à une trahison, et condamnés aux supplices et à la mort la plus horrible.

La cause qu'ils défendaient ne pouvait pas mourir avec eux. Au contraire, le tableau de leur supplice l'entretint et la raviva dans tous les esprits. Les revendications formulées par Horia prirent corps dans le *Supplex libellus Vallachorum*, pétition adressée par les Roumains de Transylvanie à l'empereur d'Autriche, prince de Transylvanie. Ils demandaient dans ce document : 1° *Un régime égal pour tous les peuples de la Transylvanie, où les Roumains constituaient, à eux seuls, deux tiers de la population ; 2° L'égalité religieuse ; 3° L'autonomie administrative des régions roumaines ; 4° Une assemblée nationale.*

Les Roumains renouvelèrent leur pétition le 30 mars 1792, sans beaucoup plus de succès. Tout ce qu'ils obtinrent de Joseph II, occupé en ce moment à combattre la révolution française, ce furent certaines concessions économiques accordées à l'évêque *Uniate* (gréco-catholique), et le droit, aux Roumains gréco-orthodoxes, d'occuper des fonctions administratives.

La Révolution politique et nationale de 1848.

Obligés de se contenter de si peu, les Roumains ne désarmèrent pas. L'esprit en éveil se fortifia, la conscience nationale se réveilla dans des couches populaires de plus en plus profondes. Lorsque, en 1848, la révolution hongroise éclata, sous l'influence de Kossuth, contre la domination allemande des Habsbourg, les masses roumaines, préparées moralement par des siècles de lutte, s'ébranlèrent. A soixante ans d'intervalle, le peuple roumain de Transylvanie se lève en masse, de nouveau, cette fois aussi contre les Hongrois, mais contre les libéraux hongrois, qui annexaient la Transylvanie au royaume de Hongrie, au mépris des vœux formulés par les Roumains, qui formaient les deux tiers de la population de ce pays. Les Magyars ne s'étaient insurgés contre l'Autriche que pour substituer, en Transylvanie, leur propre tyrannie à la place de la domination autrichienne. Les Roumains, s'apercevant des visées purement conquérantes et impérialistes des faux démocrates magyars, s'élevèrent contre les nouveaux tyrans, et réunirent leurs efforts militaires à ceux de l'Autriche.

Avant de prendre les armes, le peuple roumain — 40.000 hommes — se réunit à Blaj, le 15 mai 1848 et, après l'examen détaillé de sa situation sociale et politique, adopta une motion où il affirma la fidélité du peuple roumain à la maison impériale des Habsbourg ; et l'*indépendance de la nation roumaine*. Les chefs de l'assemblée formulèrent une sorte de programme du peuple roumain, dont voici les points essentiels : 1° *L'indépendance nationale au point de vue politique et le droit de tenir, chaque année, une assemblée nationale ; 2° Liberté et égalité religieuse ; 3° Abolition du servage ; 4° Abolition des corporations et des privilèges industriels ; 5° Liberté des réunions et de la presse ; 6° Garanties pour la liberté individuelle,* etc., etc. Ce programme fit l'objet d'un *mémoire* qu'on adressa en même temps à la Diète de Cluj et à la Cour de Vienne. La Diète de Cluj, composée de Hongrois, repoussa les revendications roumaines. La Cour de Vienne n'eut pas le temps d'y répondre, étant occupée à réprimer la révolution hongroise.

AVRAM IANCU.

Le peuple roumain se leva et s'organisa pour seconder l'action de répression contre les Magyars, mais libératrice pour eux, que les troupes autrichiennes entreprirent en Hongrie. Avram Iancu fut le héros, l'âme de ce mouvement anti-magyar. Ses troupes triomphèrent dans toutes leurs rencontres avec les armées magyares. Elles auraient suffi à leur tâche, si l'Autriche leur avait procuré les armes et les munitions nécessaires. Mais, comme le Tsar Nicolas Ier intervint contre la révolution hongroise et aida l'Autriche à briser les forces des révolutionnaires, Avram Iancu et le concours des Roumains furent négligés.

Vingt ans plus tard, les Magyars, avec le concours de la Prusse, obtinrent de François-Joseph l'annexion de la Transylvanie à leur royaume. Une fois encore, les Habsbourg sacrifièrent les Roumains, qui leur furent toujours dévoués, à l'impérialisme et au chauvinisme des Magyars.

ALSACE-LORRAINE ET TRANSYLVANIE.

En revanche, deux ans plus tard, le grand patriote magyar le comte Andrassy, ministre des Affaires Etrangères à Vienne, paya aux Prussiens la dette contractée par les Magyars. Andrassy empêcha l'Autriche, en 1870, de venir en aide à la France, comme la Cour de Vienne était disposée à le faire, pour se venger, contre la Prusse, de l'échec de Sadowa. Andrassy s'y opposa de toutes ses forces. L'Alsace-Lorraine et l'écrasement de la France furent le prix dont les Magyars payèrent l'annexion de la Transylvanie. En 1867, le dualisme austro-hongrois étant solidement établi et confirmé, les revendications sociales et politiques des Roumains furent pratiquement repoussées. Reconnues en principe et en grande partie, dans le texte de la Constitution hongroise, elles y sont aujourd'hui encore, en théorie, mais lettre morte. La pratique des faits a démenti d'une manière odieuse et sanglante les principes théoriques qui semblaient reconnaître et satisfaire les revendications roumaines.

Mais, voici qu'après un nouvel intervalle de soixante à soixante-dix ans, passés dans l'oppression la plus dure, la question des Roumains de Transylvanie se pose de nouveau, cette fois, au milieu d'une conflagration mondiale. Les Magyars se trouvent tout naturellement dans le camp de tous les oppresseurs, les Roumains dans celui des libérateurs des peuples. Une fois encore, la question de l'Alsace-Lorraine se pose, en relation avec celle de la Transylvanie. Il s'agit, cette fois, de regagner ce que la civilisation latine avait perdu aux environs de l'an néfaste de 1870. Cette fois, les Roumains du royaume prennent fait et cause pour leurs frères subjugués et pèsent de tout le poids de leur armée et de leur force politique dans la balance de la politique européenne, au profit de ces derniers. Cette fois, l'effort des Roumains est coordonné, organisé et garanti par des alliances toutes puissantes. Il ne s'agit plus seulement des efforts réduits et incohérents de quelques chefs héroïques, comme Horia, Closhca et Crishan ou Avram Iancu, qui devaient échouer jusqu'à la fin. Aujourd'hui, c'est l'effort coordonné de toute la race, et il doit aboutir.

La Situation actuelle des Roumains.

Les Roumains de Transylvanie ne peuvent plus, en ce moment, formuler des revendications. Plus de 150.000 d'entre eux sont prisonniers en Russie, car, pour protester contre leurs oppresseurs, ils se sont rendus en masses. Une bonne partie est dans l'armée roumaine. Les chefs du mouvement roumain de Transylvanie se sont réfugiés en Roumanie et dans l'armée roumaine, et c'est par l'intermédiaire du Royaume qu'ils formulent leurs revendications politiques et sociales.

En fait, la situation sociale des Roumains de Transylvanie est la même aujourd'hui qu'il y a quatre cents ans. L'exploitation est peut-être plus intense aujourd'hui, parce que plus savante et plus systématique. Les Magyars sont, aujourd'hui, la même oligarchie propriétaire du sol, les mêmes bureaucrates qui vivent du fruit du travail de cette immense *contribuen plebes* roumaine. Les paysans roumains sont, aujourd'hui, les mêmes esclaves qui fécondent de leur travail les champs de l'oligarchie magyare et fournissent les salaires des fonctionnaires magyars. Aujourd'hui, comme au Moyen-Age, ils n'ont ni droit de vote, ni liberté de conscience, ni liberté économique. La lutte nationale des Roumains de Transylvanie n'aurait pas de sens et pas de base, si elle n'était l'expression contemporaine, la forme que la psychologie sociale de notre époque impose à la lutte sociale parmi les peuples qui ne sont pas encore assez avancés et mûrs pour le socialisme proprement dit.

Mais, si les revendications sociales des Roumains de Transylvanie ne s'expriment plus aujourd'hui dans des mémoires envoyés à Budapest et à Vienne, elles ont pris une voie et une forme inattendue. Elles ont trouvé leur expression dans les réformes agraires et électorales votées l'an dernier par les Assemblées Constituantes roumaines de Jassy.

La Transylvanie et les Réformes sociales réalisées en Roumanie.

En effet, sous l'inspiration et sous l'influence des événements, et dans l'attente de l'œuvre de justice que la paix doit consacrer et qui doit libérer la Transylvanie pour qu'elle puisse se réunir à la Roumanie, le parlement a décidé de répondre, en les acceptant, en les réalisant d'avance, aux revendications du peuple roumain d'outre-monts, revendications qui, dans le passé, dirigées vers Budapest et Vienne, ont été invariablement repoussées.

La Chambre et le Sénat roumains, la bourgeoisie roumaine, se sont décidés, dans un mouvement de désintéressement sublime, de se départir elles-mêmes des avantages économiques et électoraux qu'elle possédait encore en Roumanie, et on a voté le suffrage universel, égal, secret, direct et obligatoire, et le principe de l'expropriation presque totale (82 p. 100), des grandes propriétés. Cela, dans le but que ces lois, lorsque la Transylvanie sera récupérée, puissent être imposées à l'oligarchie magyare et qu'elles profitent immédiatement aux paysans roumains, si durement exploités par cette oligarchie magyare. La réunion de la Transylvanie à la Roumanie aura, ainsi, le triple effet de résoudre, en même temps, la question nationale, la question politique et la question sociale.

Au fond, toute résistance politique et nationale des Magyars chauvins, contre le mouvement national des Roumains, est due au fait que l'oligarchie magyare se rendait bien compte que la libération de la Transylvanie serait la fin certaine de leurs privilèges politiques et surtout de leur privilège économique : le monopole de la propriété du sol. C'est pourquoi sa résistance est opiniâtre contre le suffrage universel ; et le suffrage universel qu'elle veut adopter doit être un moyen de supprimer les nationalités, en supprimant, pour elles, le droit de vote, en même temps que le droit de propriété et le droit de s'instruire.

Tandis que la Roumanie, par ses réformes, déclare qu'elle ne peut vivre et prospérer que dans un régime de liberté égale, d'égalité démocratique, les Magyars, par les réformes qu'ils projettent, avouent ne pouvoir exister que grâce à un régime d'oppression, de privilèges et d'iniquité.

La Question de la Transylvanie
au point de vue socialiste et démocrate.

Les démocrates et les socialistes du monde entier auront à examiner, à comparer et à juger ces deux attitudes, ces deux manières si différentes de concevoir les rapports sociaux des peuples. Qu'ils ne se laissent pas tromper par la propagande habile et acharnée des Magyars. Qu'ils prêtent leur appui à ceux-là seulement qui, en luttant formellement pour les revendications nationales, luttent, en réalité, le bon combat politique et social pour l'égalité et la liberté, et pour le droit des peuples de disposer d'eux-mêmes. C'est le combat qui, comme il résulte nettement de l'examen rétrospectif de leur lutte, fut toujours et invariablement celui des Roumains de Transylvanie. Nous adjurons donc les démocrates et les socialistes de ne pas s'arrêter à la forme nationaliste que prennent aujourd'hui les revendications roumaines en Hongrie, mais d'observer et retenir le fond réel de ces revendications, qui est, avant tout, la lutte sociale. Laisser encore la Transylvanie sous la domination magyare, quand même elle serait atténuée par les apparences d'une autonomie fictive — et l'exemple de l'autonomie croate est là pour nous en donner comme un horrible avant-goût — c'est laisser 4 millions de paysans roumains en exploitation à une oligarchie magyare, avide et féroce, qui aura des motifs pour rendre cette exploitation encore plus lourde, plus inhumaine. S'il y a des socialistes qui acceptent le *statu quo ante*, ou qui croient que l'autonomie de la Transylvanie serait une solution acceptable pour tout le monde, nous les prions de croire qu'ils travaillent pour l'oligarchie magyare et qu'ils rivent des chaînes économiques aux bras de 4 millions de Roumains. Travailler pour le *statu quo ante*, pour l'intégrité du royaume hongrois, c'est, au fond, travailler contre le socialisme et au profit de l'oligarchie magyare.

Tant que l'oligarchie magyare dominera en Transylvanie, comme dans d'autres provinces de l'Autriche-Hongrie, le militarisme austro-hongrois devra être tout-puissant, pour assurer aux magnats de Budapest et de Vienne la suprématie et l'exploitation économique des nationalités subjuguées. Faute d'écoles roumaines, que les chauvins magyars continueront de persécuter, les paysans roumains resteront toujours des illétrés et la propagande et les idées sociales ne pourront pas trouver un terrain propice dans cette masse illettrée et démoralisée. En tout cas, avant d'avoir résolu le conflit social sous sa forme nationaliste, on ne pourrait pas espérer une solution équitable de ces conflits sociaux, qui sont le véritable motif, la cause profonde du conflit nationaliste.